COLECCIÓN BERBIQUÍ

# ÁNGELA REYES

# **REGRESO A TI**

EDITORIAL CUADERNOS DEL LABERINTO
—COLECCIÓN BERBIQUÍ, nº 41—
MADRID • MMXXV

Primera edición: MARZO 2025

I.S.B.N: 978-84-18997-77-8
Depósito legal: M-5469-2025

«Es justo y necesario conservar los afectos
como eran y los recuerdos como serán,
y atar los unos a los otros,
en una misma ley de permanencia;
es justo y necesario saber que todo cuanto ha sido,
todo cuanto ha temblado dentro de nosotros,
está aún como diciéndose de nuevo en nuestra vida
y en la vida de los demás»

LUIS ROSALES. *La casa encendida*

*A Juan Ruiz de Torres, siempre*

**NO HAY DOS** noches iguales. Nunca vendrán
dos noches con el mismo dolor ni la misma
penumbra. Cada noche se acerca con su lobo
que muerde hasta matar de distinta manera
para luego marcharse, con el primer claror del alba,
dejándote en medio de la lluvia.
Porque siempre, querido amigo, siempre
te lloverá con diferente olor a triste amanecer
en ese instante en que tu corazón,
como la vieja balalaica, decida no seguir latiendo más.

Cada noche vendrá un ángel diferente a ofrecerte
la «vida eterna» y si le dices que no quieres más vida
que aquella que tuviste, en la que había un hombre
sentado ante la mesa, la mesa con su flor
en un vaso de agua y el agua deslizándose
donde la pérgola dormida; aquella vida apuntalada
entre los sueños y la realidad, entonces, ese ángel
levanta el vuelo y te abandona.

Todos tenemos una noche tendida al otro lado
de la puerta. La mía hace tiempo que ya la recogí
y la llevo guardada entre las manos,
como se guarda una amapola
entre las páginas de un libro.

**NO FUE SOBRE** caballo negro, a galope tendido
y atravesando el olivar; tampoco en un trineo
con seis perros albinos de y ojos azules, deslizándose
por la nieve; no te fuiste en un tren, ni siquiera en calesa,
fue en un barco, un viejo barco, en el maldito barco
que un día apareciera en el pasillo de la casa;
un barco con todo su velamen desplegado y la lluvia
de abril rolando en la mesana como bandera al viento.

El barco vino con la plegaria de los mares,
golpeando su casco, dando y dando en su esqueleto
vacilante. No me importó que la marea borrara
la memoria de la casa. No me importó que del sollado
subiera una mujer, con narcisos prendidos en el pecho,
con dos grandes aretes que se balanceaban
al compás de sus lentos pasos;
una mujer como de muerte y sal,
con sonrisa de perra maliciosa.

Lo que sí me dolió, querido navegante,
es que la dama te tomara de la mano
y con ella partieras. Esa mano que fuera mía
porque sabía el nombre de cada peca de mi cuerpo
y sabía en qué lugar, de entre la niebla femenina,
de entre la yerba alta y muy caliente,
le esperaba la dalia oscura del amor.

Ahora estoy sentada en el pasillo, con la boca pintada,
por donde siempre llega el barco
con su crujir de velas y de jarcias,
con las notas de una canción espesa;
una canción que flota como gota de miel
y se aleja del barco; canción que retrocede
y viene junto a mí para que yo la acune
entre mis brazos, para que yo la cante.

Si yo tuviera una canción de amor
que atravesara el tiempo; si mi canción pudiera
detener tu navío y al oírla
despertaras y como el navegante Ulises
saltaras por la borda para venir en busca
de mi talle, el que fuera tu playa.

Mas la canción no surge porque mi boca ya perdió
su luz y su amaranto. Mi canción no se canta
y tu nave se pierde en el bostezo negro de la noche.

**YO CREO EN LA RESURRECCIÓN** del alma,
también la de tus ojos, la de tu boca y mucho
más la de tus pies, que hacia mí te traían.
Necesito recuperar aquel roce caliente
de tus manos, midiendo mi cintura. Quiero tener,
como lo tuve ayer, el eco de tu corazón
dentro del mío. Yo creo en la resurrección
del cuerpo, sobre todo del tuyo,
 cuando fosforecía por la cama,
como el relámpago que en plena noche
atraviesa los campos de maizales.

Qué sería de mí si nunca más tuviera
esa gota de agua bajando por tu espalda;
gota tibia corriendo entre los arriates de tu vientre;
gota tan niña que no sabe cuándo
ha de tornarse en río. Qué sería de mí
si nunca más tuviera la leve gota de agua
del lavatorio de tu cuerpo.
Yo creo en la resurrección del hombre
que sufrió sin llorar los últimos momentos de su vida.
Con ellos caminaba a través de la bruma de la alcoba,
atravesaba noches de verano, calladamente,
sabiendo que partía hacia ese Puerto
que nadie sabe dónde está, ni qué lluvias lo habitan.

Yo creo en tu resurrección, por ello iré a buscarte
al norte, donde danza la aurora. O bajaré hasta el sur
bañado de marismas.
O tal vez deba ir al centro, donde naciste tú.
Al centro donde estaba aquella calle larga,
tendida bajo enero; calle que se iba haciendo
amiga nuestra conforme caminábamos.
Iré hasta el centro de esa calle
para encontrarte silencioso y tibio
como la luz del alba en el acebo.

**CÓMO VOY A DORMIR** en esta cama
más grande que el Mediterráneo,
si en la almohada resuena el aleteo de tu sueño.
Me incorporo y busco entre las sábanas
el movimiento acompasado del golpe de aire tibio
que me roza, me acaricia, me inquieta en su revuelo,
como si aún durmiéramos el uno junto al otro.

Puede que nada sea lo que parece ser.
Incluso el agua matinal en la que yo me lavo
tal vez no sea agua, sino tu cara;
tu cara en la que me sumerjo cada día,
me adentro por tus labios,
caigo en el pozo de tu boca
donde me espera el barbo de tu voz,
aleteando y dulce.
No sé si alguna vez nos conocimos.
Tal vez nunca existió la cama grande
como el Mediterráneo por la que hoy camino,
subo y bajo, huyendo de la luna
me oculto en la arboleda
que está creciendo
en ese lado en el que tú dormías.

Incluso puede que yo no sea la mujer
que allí te espera cada noche,
mientras pasan los vientos de levante
con sus galgos morenos,
pasa el mistral y sus centauros; vientos
y vientos que de noche me cubren con su arena,
me cubren como a torre entre las dunas,
dejándome tan solo el campanario de los ojos
desde donde te sigo viendo.
Lo malo no es soñar, y tú lo sabes;
lo malo es si el pensamiento
iza el ancla de sus profundidades
y en la cama te pone a navegar viejos pecios,
aquellos del amor y de la vida que entre los dos
habíamos hundido en playas muy lejanas.

«Espero curarme de ti en unos días»
JAIME SILES

## SI PUDIERA LLAMARME NÁUSICA

para lavarme al sol de mediodía,
para plantar un ramo de amapolas
en el corpiño y a la caída de la tarde.
Quién pudiera criar un mirlo
en la penumbra de los labios y de noche ofrecértelo.
Tal vez, si como ella, tan linda y tan hipócrita,
pudiera desnudarme a la luz de la luna,
aceitarme el cabello mientras canto,
mientras me pongo los zarcillos,
mientras me abrocho las sandalias, mientras
socorro al navegante naufragado
y apoyo su cabeza en mi regazo
y le limpio la arena de los ojos.

Quién pudiera quitarse el traje de ceniza
y ser mujer de lumbre, ser la puta del mar
que cada noche se acuesta con Neptuno
y con su cancerbero y luego se despierta,
se aleja por la playa lentamente,
sonándole los huesos
a cascabeles jovencitos.

Si me llamara Naúsica
yo podría *curarme de ti en unos días,*
con solo caminar a la derecha de la tarde,
por donde el sol despierta con la intención
de no morirse nunca.
Si me llamara como ella, si fuera ella,
no estaría sentada en esta alcoba
pensándote desnudo, totalmente desnudo
hasta ese sitio exacto y tan caliente
en el que yo solía sofocarme.

**SOLO CUANDO LA FRÍA AURORA,** con todos sus colores,
dance contigo y te roce los labios
y se enrede en tu cuello y, envuelto entre sus gasas,
creas que algo carnal y misterioso te rodea,
solo así recordarás mi colección de medias
colgadas del palanganero
y a punto siempre de secarse.
Tu corazón, purísima amapola, dejará de latir
al no saber qué fue del par de medias
verdes, de aquellas otras tan doradas
como uvas de otoño o las granates de pasión
que encendían tus manos si las acariciabas.

No podrás contener la pena, y como llora el cielo
si la luna no sale, llorarás por las medias lilas,
lugar donde dormía marzo cuando quería ser
carnal y femenino.

Sobre la cama esperan tu regreso
las negras transparentes, las del dolor y el duelo,
las que muerden y en el blancor del muslo
dejan raíles de honda quemadura.
Pero ninguna como aquellas medias grises
que en la larga costura que bajaba del talle
hasta el talón, titilaban los nudos de mi sangre.

Era una fibra con memoria que sabía apretar
y sabía querer. Las medias grises
donde aún pueden las huellas de tus dedos,
que el tiempo y sus tormentas
no pudieron borrar

**MI VIDA PUEDE SER** un amable misterio
si al levantar el brazo percibo en este valle mío
de la axila; este lugar caliente cubierto
de moreno sudor; en este cuenco en donde crece
la madreselva de la desesperanza;
te digo, amor, que al levantar el brazo
hay veces que percibo el chasquido pequeño
del beso que pusiste.

Mi vida puede ser un sueño interrumpido
si al sentarme a la mesa veo que junto al pan
tostado y el vaso de café hay tendida
una sombra sosegada, parecida a la tuya.
Yo podría alargar la mano
para saber que allá muy lejos,
donde acaba el mantel y empiezan las lloviznas
del otoño, nadie me espera.

Pero me quedo quieta para que el sueño dure
un poco más y llegue hasta que el sol se aleja
con su lengua fogosa y aparece
la noche con su luna y después
llega el frío con un temblor de acacias
y por la mesa rueda la primera la luz del día.
Solo así me despierto
al comprender que he de seguir
girando una vez más la rueca de mi tiempo.

Mi vida puede ser una larga desilusión
si al desvestirme, bajo la misma luz
que dejaste prendida, el espejo me muestra
una mujer con los labios dormidos
y la piel del color
de la arena. Mi vida, una larga desilusión,
al ver mi rostro como un pueblito abandonado,
cubierto por la bruma
que arrastran los amaneceres.

«Uno más uno, dos. Dos menos uno, uno»
RAFAEL SOLER

*Para Lucía Comba*

**SE CONSUMIÓ LA VELA** que prendí
y no he podido averiguar por qué,
desde hace tiempo, dos menos uno no es uno,
sino varias docenas de vigilias pegada al cristal
de la ventana, atenta a los centauros
que atraviesan los cielos, cuando ya van de recogida.
Vuelvo a contar y dos menos no es uno,
siempre son cuatrocientas revueltas en la cama
catorce padrenuestros mientras la Dormidina
hace su efecto.
Créeme, muchas veces dos menos uno puede
llegar a ser los veinte rostros tuyos que se quedaron
pegados al pasillo y conmigo conviven,
me abren la puerta cuando llego,
me dan las buenas noches y hasta suelen
colarse en el café con leche,
para dejarse desleír como un azucarillo.

Dos menos uno son los tres cerrojos con que cierro
la puerta de la casa, son los quince timbrazos
del teléfono que suenan al anochecer;
llamada que no atiendo porque sé, que no oiré tu voz
dándome las buenas noches.

En pocas ocasiones dos menos uno sí puede ser uno
y en este caso es una maleta grande
que la arrastras, la llevas hasta Cáritas,
donde la dejas y te vas corriendo,
antes de que la abran y arrojen a un rincón
tus trajes, tus corbatas y las camisas blancas,
con bolsillo pequeño,
donde guardabas el ocaso de tu otoño
y un ramito de escarcha que contigo vivió
el último febrero.

«Escribo una tras otra
cartas al corazón que nunca envío»
JUAN RUIZ DE TORRES

**NO SÉ A CIENCIA CIERTA** si era mayo
o si, tal vez, era febrero; tampoco si la nieve
se había derretido al pie del olivar,
pero sí sé que me dijiste que escribirías cartas
a mi corazón. Cada día me pongo ante el espejo
y las busco en mis ojos, por si quedaron detenidas
en esa lágrima que nunca pudo ser parte del llanto
y solo es una charca donde crece la yerbaluisa.
Te *Escribo una tras otra / cartas al corazón*
*que nunca envío.*
Y camino a lo largo de mis labios
que tienen la costumbre de ponerse violetas
desde que tú no estás. Desciendo a mi barbilla
y antes de que anochezca ya estoy en la pendiente
de mi cuello, lugar donde solías
reponerte del cansancio.
Escribiré, voy a escribirte y ya de madrugada
me adentro por mi pelo, lo agito, lo separo
uno a uno y allí, tendidas,
me sorprenden las nieves de febrero.
Ayer cayeron silenciosas y están agazapadas,
esperando el momento de dialogar conmigo.

No sé dónde buscar tus cartas si la noche
ya está llegando.

Sería más reconfortante para mi corazón
si este espejo, el que visito cada día,
se convirtiera en hoja de papel con tu letra
dormida entre las nieblas del azogue.
Mi espejo, un folio blanco con su olor a madera
humedecida; una sencilla página
con tu letra tendida por toda la blandura del azogue,
para que yo pudiera rozarla con los dedos.

**NINGÚN CRONISTA** de la muerte nos puede asegurar
que exista la laguna Estigia y su barquero.
Nadie habló con Caronte, ni se montó en su barca,
ni le dio la moneda para cruzar al «otro lado»,
porque nunca existió el «otro lado».
Pero sí existe este lado de la mesa vacía,
este lado del libro que leías. Aquí, a este lado,
está mi blusa melancólica, esperando
a la mano que ayer cerraba sus botones.

Yo soy Caronte la barquera. Navego todo el día
por la casa, a nadie veo, con nadie hablo.
Yo remo sin cesar, me asomo a cien ventanas
para verte llegar vencido y ayudarte a subir
a mi barca, la única que existe,
la única que puede retornarte a este otro lado
donde duerme el asombro del mar y el temblor
de la noche.
No hace falta que traigas la moneda en la boca.
No llames a Caronte porque nunca vendrá.
El camino a la vida eterna está en este otro lado
y es tan fácil de andarlo que será como venir descalzo
entre los tilos.
Retrocede y camina. Busca una casa que en la cuerda
y secándose al sol estén tus pantalones,
dándote los buenos días.

**MUCHAS VECES LA ETERNIDAD** nos llega antes de morir.
Muchas veces está sentada a nuestro lado,
compartiendo la misma copa, las mismas perchas
del armario. Yo la gocé, la tuve en el leve tintineo
de mis pendientes mientras los dos bailábamos
un vals. Todo, hasta la luna malva, lo tenía cosido
en los dobleces de mi carne, para que me durara
el resto de mi vida, hasta que vino el viento
y me quedé bailando sola el vals.

Cómo pudo la lluvia caliente del salón arrebatármelo,
si lo llevaba asido de la mano. Cómo pudo
enredarse entre las zarzamoras del pasillo.
Me pregunto qué fue del hombre
que hacía versos a la flor del crisantemo
y los domingos se ponía la gorra marinera.

Puede que se cayera del borde de mi boca
la noche en que me adormecí.
Más tarde iré hasta el balcón, donde él esperaba
la llegada del mar, el mar que no pasaba por allí,
mas lo esperaba, como la barca espera al mar
desde la arena.
Quizás esté sentado en la mesa partiendo el pan.
Puede que hasta me esté llamando.
Voy ligera, pues nunca estuvo él
tan dentro de la casa como ahora que ya se ha ido.

**EN MUCHOS DE TUS LIBROS** se estremece una ola.
Es un pequeño charco tendido y sosegado
que va perdiendo sus añiles conforme pasa el tiempo.
En otros libros late el corazón de la palabra,
se le oye crepitar como la leña ardida,
hay un calor de lumbre que hasta incendia la boca
que se arrimó para leer tu verso.

Créeme si te digo que todavía viven en sus hojas
los mirlos de tus libros castellanos.
Pero prefiero aquellos versos tuyos
por donde viene un lento tren con la noche tendida
en sus raíles
y en su ventana un hombre mirando al horizonte,
un hombre que regresa de El Pireo,
de las tierras calientes donde los pescadores
beben vino templado.
Tú sabes bien, amigo mío,
que la nostalgia es una lluvia mansa
que anega el corazón. Y cuando el agua
sube y anega el mío hasta los bordes
llamo a *Fumío Haruyama* para que me acompañe.
Mi querido *Fumío* siempre viene, como vino
el glaciar cuando tú lo llamaste y se quedó tendido
al pie de tu palabra escrita.
En las noches de agosto, cuando el olor a mejorana,

retomo ese libro en que el hablabas de los crisantemos
e intento descubrir cómo se llama la mujer
que canta entre sus hojas. Es un canto tranquilo,
como de fuente que sestea
y el agua corre y va llenando el libro
de flores amarillas, navegables.
A la sombra de la canción tu verso
se queda adormecido, se tiende como un árbol,
dispuesto a sobrevivir la larga noche del olvido.

**ENTRE MIS COSAS** guardo tu vieja hoja de afeitar,
aquella que bajaba de tu sien al mentón,
ese tramo tan débil de tu cuerpo. Entre mis cosas tengo
tu frasco de *after shave*. Vive feliz entre mis pinzas,
el lápiz de las cejas y la barrita grana de carmín.
Tu frasco sigue aquí, junto a los peines viejos
que no puedo tirar por miedo a perder
algunos de los tuyos.

En la etiqueta pone, *Agua Brava*.
Asegura que hidrata, que suaviza y refresca
la piel del rostro masculino.
También dice que huele a bosques inundados.
Cada día me pongo tres gotas en mi cuello, ahí,
donde la voz es más sumisa; ahí, donde el latido
del corazón se vuelve niño. Tres gotas nada más
de *Agua Brava*, filtrándose en mi piel
con su olor a madera muy llovida.
¿Cómo voy a vivir el día que la loción se acabe?
Tendré que descender al interior del frasco
con las manos al frente para no tropezar
con los ecos que allí dejaras.

Convertida en un barbo bajaré al corazón del agua,
el tuyo. Nadaré entre la bruma, entre aromas
de árboles mojados; removeré las hierbas y raíces
que el tiempo las tornara en una costra muy granate.
Bajaré hasta el fondo del envase y allí estará tendida
en el silencio, la gota de agua solitaria,
mansamente soñando su pasado.

«Abril, porque siento creo»
LUIS ROSALES

**NO NECESITO QUE LA MALETA** sea muy grande.
Si ayer toda la vida cupo en mi corazón,
también cabrá en ella el hombre que en diciembre
retiraba la nieve de mi puerta.
Adonde voy, he de llevarme al hombre
si quiero que en mi pecho entre el amanecer.
Y la puerta también la guardo por ser carne callada
y frágil, tantas veces lamida por la lengua del sol
y tantas otras dañada por el garfio del viento.
Hombre y puerta, los dos en mi maleta,
como un mantón doblado varias veces.
Y la nieve la quiero toda entera, porque siempre venía,
se tendía en la puerta y en ella se quedaba,
hasta hacerse pequeña, niña de agua.

Y cómo no llevarme a la mujer que, junto al hombre,
vivía tras la puerta, si como él amaba a los gorriones.
No podría dejarla si cuando vino abril
con sus noches tan largas, abril con su amazona
de labios melancólicos, abril sobre el caballo *Veinticuatro*,
esta mujer que estuvo junto al hombre,
oculta entre las zarzamoras
del camino, esperando a que se fuera *Veinticuatro*
y no se fue.

Sigo andando el camino ya sin puerta, sin hombre, sin la nieve. Me sigue desde cerca la amazona de labios melancólicos, sobre caballo negro. No sé cómo se llama su corcel ni quiero averiguarlo.

**REGRESO A TI SIN UNA GOLONDRINA** que ofrecerte.
Camino hacia el vellón de luz que conservan tus ojos
para encontrarme con la mujer que fui.
Entre añoranzas y recuerdos perdí a la mujer
que conmigo venía y ahora va desorientada
como la noche entre los limoneros. Avanza sin un poco
de miel entre los labios y el corazón ahogado
entre la espuma.

He venido a sentarme en el calvero de tus ojos,
bajo esa luz que el viento no la mueve ni la aurora la apaga,
para saber por qué playas de arena caminé descalza,
qué canciones cantaba antes de conocerte.

*Nunca olvides mis ojos,* me dijiste.
Y regreso hacia ellos,
sin una golondrina que ofrecerles.
Voy a la luz que hay en ellos y nunca se desvela,
buscando a la mujer que ayer perdí.

**ESTAS JARAS QUE PLANTO** ante mi puerta
no son para dejar pasar el tiempo
ni para entretenerme. Esta luz que adivino
en el cristal de la ventana, no es pensando en mayo.
Tampoco este barco que cada noche surge y atraviesa
mi cama, con su mástil arañando los cielos,
se trata de los sueños de una mujer que desvaría.
Cuanto planto y camino y sueño será pensando en ti.

Aunque la casa ahora sea como ceniza diluida
por la lluvia,
tú sigues siendo para mí lo íntimo y pequeño,
como el encaje de mi enagua, la hebilla de latón
que abrocha mi zapato.
Tú eres la pequeña pastilla de jabón
que recorre mi cuerpo. Te aseguro
que el Padrenuestro de mis noches
no lo dirijo a Dios. Te está buscando a ti
que ya estarás sentado a la derecha,
no de Dios, sino de la profunda tierra.

Si me llaman, seguro que me llaman
TERESA BERENGUER

**SI TE LLAMA, SEGURO QUE TE LLAMA,** qué le vas contar
si Él lo sabe todo. Qué podrías decirle si Él conoce
hasta la niña-luna que velaba tus noches.
Cuando te llame, calla. Abre tu corazón de par en par
como la noria soleada y muda, dormita al borde del camino
que ya hiciste. Que vea las paredes mohosas de tu cuerpo,
por haberlas sufrido y habitado.
Ábrete, hasta el estanque de tu pecho,
menos azul y ya sin peces, pero donde resuenan,
las voces de tus hijos.

Permite que camine por el largo arenal de tu mirada.
Ábrete como silo que fuiste, hoy sin trigo ni cebada,
tampoco heno, tan solo una mujer sentada en la penumbra
de la alcoba, recontando los granos de tus besos,
aquellos que pusiste en la bajura de su vientre.

Calla, cuando te llame. Él te hará los recuentos
de las veces que te ponías melancólico
y tocabas la armónica. Él sabe de las noches
que te volvías tigre o pájaro recién nacido.

Ya nos vio muchas tardes asomados al barandal
del puente, los dos mirando al río de la vida.
Los dos mirando el agua y sin saber,
Gaviero, sin saber, que ya te habían elegido
para hacer el camino de regreso.

**NO HACE FALTA** que mandes cada noche
a la Gorgona del remordimiento,
para decirme que hice mal. Lo sé.
Pero comprende, amigo mío,
que muchas cosas hay que hacerlas
como las manda Dios. Y Dios estaba allí besándote
la frente y estaba el padre cura con su misal abierto
y tus hijos apretados a ti como racimo de uva
y la lluvia cayendo y la tierra esperándote como novia
enlutada. No tuve más remedio que dejarte en la tierra
y bien que lo lamento.

Me conoces y sabes bien que te hubiera enterrado
muy dentro de mis guantes de lana melancólica,
muy al fondo, por donde cada día llegarían mis fríos
dedos buscando tu calor. Mas te dejé en la tierra
y ahora me atormenta no saber qué manojo de trigo
o de centeno se habrán alimentado de tu carne,
qué rueda de molino va a molerte el eco de tu voz.
Yo quisiera saber en qué golpe de harina
seguirás siendo tú, tan candeal y tierno.

Tomo el pan en mis manos y en su corteza tibia
reconozco tu piel. Muerdo su miga y creo recordar
el sabor que tenía tu nombre al pronunciarlo.
Es como si empezaras a latir
nuevamente en mi lengua fatigada.

Te dejé y me fui sabiendo que el mejor lugar
eran mis guantes, donde guardo aquella primavera
que no pudimos acabar.
Al calor de la lana y entre los surcos de mi mano
habrías arraigado como la flor de yerbaluisa.
Me bastaba un tallito, que confundido allí creciera,
para sentirme acompañada por las nevadas rutas
que me quedan de vida.

**YO QUISIERA SABER** en qué playa te estás bañando ahora.
Qué muchacha, con todo agosto tendido por su piel,
te desnuda, te cubre el cuerpo con el antisolar
*aceite de jojoba* y de su mano vas al mar.
Gaviero, no me mientas,
si el amor es un árbol, ¿cómo se llama el que te da
tan larga sombra y mientras te adormeces,
ella se hace las trenzas y desnuda trajina en sus cestillos
de aceites y carmines?

Ne temo a la muchacha de cuerpo tan caliente,
solo le temo al tiempo que llevamos sin vernos
ni rozarnos. El tiempo tuyo y mío se ha convertido
en una cobra que nos acecha y nos separa.
Y ahora, ¿cómo voy a enseñarte la flor del azulejo
que ha brotado entre la nieve de mi boca?
¿Y cómo vas a regalarme esa estrella de mar
que crece en la penumbra de tus manos?

**PON TUS DEDOS AQUÍ,** donde mi corazón está cubierto
por una espesa lluvia. Llévalos hasta el fondo,
aparta la calima y nada sentirás salvo pasar el agua.
Mi corazón es un árbol tendido que se quedó sin savia
y sin gorriones. Ni siquiera
me reconocen hoy aquellos que venían
para oírte tocar la armónica,
en las noches de amor y de naranjo.
Mientras hundes tus remos en el mar y el sol dora
tu espalda, aquí está lloviendo, está lloviendo sin cesar
y el agua asciende poco a poco por la pendiente
de mi cuerpo.
Hoy he tenido que subir a la buhardilla de mis ojos.
Llevo días sentada en sus peldaños, oyendo la canción
del agua y su desasosiego.

Pon tu mano en mi pecho, húndela hasta alcanzar
la medianoche. En el recodo del camino
hay un ángel de piedra que espera que la lluvia amaine
y regresen los sones de tu armónica y se abran las esclusas
de mi cuerpo y el agua salga y me vacíe y me seque
como un pañuelo al sol y todo vuelva a ser
como un largo septiembre renacido.

**ALGUNOS DÍAS ME LEVANTO** con la neura y ni siquiera aguanto
al crepúsculo, que se filtre y me tiñe la alcoba
de mandarina adolescente. En estos días raros
me pongo los tacones, me visto de granate, abro la puerta
del armario, entro en él y ligera me alejo por la calle.
Camino y la cruzo por la esquina en penumbra.
Solo un rayo de luz se cuela por el ojo de la llave
y se detiene en tu camisa blanca colgada de la percha.
Me paro frente a ella y acaricio el bolsillo que guardaba
tus gafas; aquellas de agrandar la vida y llevarla hacia ti,
cuando el tiempo la fue alejando de sus ojos.

Prosigo mi camino y subo la pendiente en donde la madera
guarda su olor a hombre castellano, olor a tierra dura,
a frías madrugadas calentadas con pan y un largo carajillo.

Al fin me encuentro en la avenida en donde llueve.
En la acera de enfrente me aguarda una mujer.
Es la misma de cada tarde, bajo el mismo paraguas.
Tiene la larga primavera que mi madre tenía
en su mirada.

Si pudiera acercarme a ella... Pero se va y yo me quedo
sin poder preguntarle: —madre, ¿he de cruzar la calle
del armario, saltar fuera de él o regresar al interior,
hacia su traje azul marino y abrazarme al recuerdo
de lo que un día fue?
Pero se va con su paraguas y yo me quedo inmóvil,
con un poco de frío entre los ojos.

**MANTENTE FIRME** y no te asustes cuando al volver
decides visitarme y con la aldaba llamas a la puerta
que es mi cuerpo, que son mis ojos, que es mi voz.
No te asombres si la mujer que te abre y te sonríe
no es aquella mujer que ayer domaba los potros blancos
de la aurora. Comprende que la vida pasa
y yo ya he pasado y me encuentro muy cerca de la nieve
que dormita a los pies del olivar.

Si vinieras a por la siesta, a por la alcoba a media luz,
yo te diría: entra, cierra la puerta y no te alarmes
si no puedo ofrecerte la lluvia adolescente
que ayer tenía en la mirada.
Empecemos de nuevo, como la luna empieza cada noche
su jornada. Y empieza por mentirme.
Dime a media voz que soy el glóbulo rojo de tu sangre,
la fémina que te desasosiega de una manera plácida
y callada.

Aunque mis Cármenes estén cerrados,
mi querido gaviero, yo sigo esperando.
Te aseguro que para revivirnos ninguno de los dos
necesitamos el fuego de la Vía Láctea.
¿Qué haríamos con tanta inmensidad?

**TODA LA NOCHE** lleva esa campana doblando a despedida.
Dobla, sigue doblando y me da miedo el golpe
de su bronce, me dan miedo los ángeles oscuros que la
oración arrastra.
Yo tuve esta campana, el día que te fuiste
y bajé hasta su fondo, hasta sus patios fríos, solitarios,
donde la luna nunca entró ni tampoco anidó la golondrina.

No es mía la campa que ahora dobla, no es de mi luto
ni de mi dolor, es de aquella mujer que reza sentada
ante su muerto y le sube la manta hasta la frente
para que no la enfríe el sueño eterno.
Tampoco es cosa mía esta negrura que viene con la noche,
es de ella, de la mujer de traje negro que se levanta
y va al quicio de la puerta, prende la luz del porche
para saber si la oración ya baja la pendiente del camino.

Ella pretende detenerla, invitarla a pasar
antes de que a su muerto el corazón se le quebrante
y del alma levante el vuelo la paloma
y su muerto tan solo sea un muerto solitario que parte
hacia la muerte sin ni siquiera un Padrenuestro
ni tampoco una Salve con que cubrirse el alma.

**UNA SALVE REZADA** al medio día a tu alianza, dormida
en el cajón. Es un aro caliente que presiona mi dedo;
es una vena que palpita, que cambia de color,
que me empuja y me lleva hasta su borde.
Quizás quiera lanzarme a su vacío, dentro del aro,
al centro del camino que ahora estás haciendo.

Un eterno dolor de corazón por este par de bóxers limpios
que van perdiendo la memoria y no recuerdan
al fauno de los bosques que ayer acobijaron.
Tampoco saben
de la nieve que en su interior hervía ni del golpe de mar
que a media noche aparecía y el tigre despertaba.
Dolor de corazón, si no recuerdan a la mujer desnuda,
junto a ellos dormida como un viento parado.

Dos avemarías rezadas muy deprisa a tus correas negras
y marrones, lánguidas cobras, adormecidas en el silencio
del armario. Yo sé que van a despertar, que partirán
guiadas por las notas de ese *pungi* que está tocando
el domador de serpientes, allá, en Marraquech.

Una conversación de madre con tus zapatos negros,
guardianes de la alcoba, los que sangraron en tiempos
de batalla, vigías a la vera del camastro, siempre
a tu alrededor, siempre contigo y para ti.

Mi bendición de novia eterna a este trozo de pan que dejaste en la cesta. Mi bendición a este cuscurro duro, que poco a poco me lo voy comiendo, mientras sonrío al pensar que me como tus labios; por él y lo anterior y por las muchas cosas que guardo para mí: Amén.

**A LO LARGO Y TAMBIÉN A LO ANCHO** de los jardines
de la Alhambra, tampoco en los aljibes de los caminos
de Damasco, encontrarás un agua que supere aquella agua
nuestra, que en el balde de cinc se calentaba al sol de
mediodía.

Tú llegabas al agua cuando yo estaba dentro de ella
y los dos nos hacíamos trigo recién regado.
Era un agua muy joven, que tenía su alumbre y su frescor
moreno y dulce. Maternal nos mojaba y se hacía la tonta
 cuando tú me pintabas las uñas de los pies
con roja zarzamora y yo te recortaba los cabellos.

Tampoco había isla más redonda, que mejor se apretara
a nuestros cuerpos como el viejo barreño.
Había sido bebedero de pájaros y abejas,
cementerio de hojas que el viento en él dejara.
Recuperó su juventud la tarde que lo pusimos bajo el sol
y nos mudamos a vivir a él.

**QUÉ BIEN LE SIENTA** al hombre tu traje azul marino,
qué bien tus calcetines y zapatos. La bufanda azulona
se la anuda a su cuello como lo hacías tú.
Dice que vive solo y que de noche siente frío.
Yo también vivo sola, le comento, y por la estepa de mi cama
rueda el viento, se cuela por mis ojos, sacude la avenida
de eucaliptos que en ellos he plantado
y congela la charca de la sangre,
donde malvive el corazón.

Incrédulo me mira el hombre y se despoja de su guante
para mostrarme un dedo mutilado, un dedo que no existe,
mas el vacío duele, porque la herida no se cierra y cruje,
como viento desorientado.

Yo también tengo mi herida en otra parte de mi cuerpo,
le digo, y con nadie la comparto. Es una larga cicatriz
que el tiempo no la cura y que conmigo vive
en penumbra, como una ermita abandonada entre
las hierbas del olvido y algunos viejos olmos del recuerdo.

**DE TODOS LOS LUGARES** que los dos visitamos me quedo
con Pompeya. Espérame en Pompeya, junto el amanecer
de la ceniza. De cuantas casas he vivido elijo aquella casa
en donde habita una mujer sumida en eterna quietud.
El sueño eterno le llegó cuando, sentada ante el espejo,
se sujetaba el pelo con pasador de malaquita. Los erales
del fuego pasaron sobre ella convirtiéndola en rosa piedra
pómez.

De todas las mujeres que descansan sobre almohada
del olvido, me gustaría parecerme a ella para que tú
me visitaras, Gaviero. Para que te arrimaras a mi cuerpo
de manzano abatido. Vendrías muy despacio, sin rozarme
siquiera, sin besarme pues mi carne candente
podría incendiar la boca.

De todos los antojos que quisiera tener,
elijo ese lunar que a la mujer le vibra en su frente.
Es un lunar que pudo irse, mas se quedó con ella,
para cuidarla de las frías noches.
Con el tiempo se fue mutando en ojo de leopardo
asomado al pretil de su piel, desde donde divisa
la desolada loma de su vientre.

De cuantos duermen en Pompeya
y esperan la resurrección del labio y la memoria,
me quedo con el sueño de esta mujer,
rosa de fuego calcinada, con lunar en la frente,
atado a su destino y amándola en silencio.

**MÁS ALLÁ** de la vida y de la muerte, al hombre no le falta
una canción sobrevolando su memoria. Es la canción
de los acantilados traída por las olas, desde lejos. Se la
oye venir, lentamente arrimarse hasta chocar contra las
peñas, dividirse, morir cien veces. La balada se esparce
como si fuera sangre que de un cuerpo se escapa.

Anoche te mandé nuestra canción. Recógela del agua.
Amaina los calambres de su música, protege los alumbres
de cada una de sus notas. Sabrás que es mi canción
sureña por su núcleo lechoso y sus bordes de luz.

Qué lejos hoy está de aquella tarde en que yo la cantaba
y tú la recogías como si fuera un ramo de gavilla.
Yo la cantaba sin saber que sería la última
que cantara contigo.
Tú la besabas sin saber que, un día como hoy,
la tendrías de nuevo yacente entre tus brazos,
como si fuera yo quien te cantara la sonata
que de mis labios nacía malherida.

**YA SÉ QUE EL ÁNGEL DE LA GUARDA** tan solo guarda
y sé también que al tuyo lo dejaste al borde de mi luto,
desperdigando plumas, acumulando tras las puertas
sus pausados suspiros. Te lo agradezco, pero ahora vivo
en continua zozobra si en la casa resuenan
los latidos de un corazón sin cuerpo. Debiste suponer
que incluso lo divino, de noche puede parecer
un hambriento león tendido en la penumbra.

Cuando la noche viene con su hato de sombras,
cuando la luna limonera empieza aparecer con su temblor
y el Ángel sube a cubrirle los muslos con sus plumas,
yo salto a mi memoria, donde me esperas tú
y nos vamos a Noja.
En Noja vive agosto, en Noja el viento es un gorrión
que vuela desatado, en Noja hay una playa
tendida bajo el sol y bajo el sol me tiendo yo con la falda
celeste y tú estás conmigo, viviendo el mismo instante,
donde no existen las palabras, tan solo el alba de tu piel
y mi piel, las dos muy juntas, mientras el Ángel de la
Guarda allá, en la luna, sin saberlo.

**ELLOS ESTÁN AQUÍ.** Se pusieron en marcha en cuanto el sol
dejó tu cuerpo y, como por el valle, llegó la noche.
Me asomo al borde de la tarde y les digo:
—*Él ya se fue, buscarle en alta mar*—. Pero ellos insisten,
siguen llamando a la puerta. —*Te traemos su nombre.*
Y voy ligera, como si fuera a encontrarme con el niño
que, habiéndose perdido, no recuerda quién es
ni en qué momento se hizo grande y dejó de jugar
con la nieve.

Abro y miro y no hay nadie, pero yo los presiento,
sé que me están mirando como tú me mirabas.
Ellos son tu palabra y tu sudor, tu silencio y tu fiebre,
incluso el arrebato de tu sangre.
Ellos son el latido que va del corazón al labio,
ese *Salve Regina* que rezabas y son las notas
de tu armónica.

Ellos son lo que nunca se dejan sepultar.
Lo que la tierra nunca toca y el tiempo no consume.
Por eso llaman a la puerta, necesitan entrar para habitar
en mi memoria. Abro y junto al quicio,
donde vive septiembre, han dejado tu nombre,
tembloroso, como gorrión recién perdido.

**MÍRALA BIEN,** gaviero, aunque ya no levante el vuelo
ni tenga el color del trigo, es ella. Es la mujer que conociste
y ahora viene hacia mí. Lleva tiempo viniendo, como viene
la lágrima que de pronto aparece y en los ojos se tiende,
allí se queda, creyendo que es el lecho de morir.
Con la voz tan pequeña que no podría sostener el peso
de una flor, me llama para que vaya al Sur, al delta de su
río que escapa por las dobleces de su cuerpo blanco
y quebradizo.

Madre, muy buenos días, permite que te ayude. Recuerda
que primero es el sujetador, luego la enagua y después la
blusa. La leche se te enfría, mientras intentas recordar el
nombre de la dama que anoche vino, dices, para rezar
contigo algunas Salves. Límpiate la nariz. Sí, hoy es
viernes. Échate el jersey por los hombros que refresca
y píntate los labios que es tu cumpleaños y ellos van
a venir. No esperes a tu hijo César, tampoco a padre
lo veremos.

Madre, son ya cien años de entierros y de ausencias,
de visitar el puerto, despidiendo a los barcos. Y tú sin
comprender por qué se van y no te llevan. Dame la mano
y caminemos juntas. No tengas miedo si nos zarandea el
viento colorado. Conmigo vas segura, porque ahora yo
soy tu madre y tú mi hija.

**BENDITOS SEAN LOS SILENCIOS** de ese reloj colgado en la pared. Bendito sea el carillón parado y sin cantar las horas. Las mañanas caminan silenciosas con el tiempo amarrado, ni verano ni nieve, solo la Vida y yo cogidas de la mano, como dos niñas tontas; dos niñas que prefieren no saber dónde está el final de su lindero.

Si tú ya te dormiste, si la tarde también cierra los ojos
y descansa cuando llega la noche, ¿por qué este reloj
me tiene en la vigilia, cantándome las horas que no tengo?
Su tictac me rodea, me comprime, pesa como un león
acurrucado entre mis brazos.

El ayer no es ayer por ser el tiempo que pasó;
Ayer es el felino que me acompaña en el vivir
y amoroso me balancea, me canta su tictac
y al despertar nada queda de mí ni de mi nombre.

**MI BARCO AVANZA POCO.** Se va escorando lentamente
Hacia el lado del corazón cansado. El nombre
lo borraron los tercos huracanes y el mástil ya no luce
su bandera. Navega por inercia, pues ni siquiera
le acompañan las notas del violín del agua.

Con su estremecimiento, sin astrolabio ni sextante
Seguro que no llega a la cita que tiene con tu barco.
Mas no pienses que sucumbió en medio de las olas,
piensa mejor que no nos vimos porque no existen
los reencuentros, ni tampoco los despertares.

Si fuera así, si fuera cierto este vacío, este buscarnos
en la bruma y no vernos, ni siquiera rozarnos;
si fuera así, gocemos por lo menos, soñando
en lo que hubiera sido de habernos encontrado,
allá, en las marismas de la luz eterna.

**PUDIERA SER QUE EL CORAZÓN,** de tanto recordarte,
se me volviera de color violeta, cambiara de lugar,
al no saber en qué parte del pecho tuvo su nido.
Y ello nada me importa. Me encuentro preparada
a que tu ausencia sea tan larga que se convierta en río;
un río que se escapa por la avenida de la carne y tenga
que seguirlo descalza y en penumbra.

Nada me importa el corazón si, con tu ausencia,
ya no oigo a la lluvia caer sobre las vides, si nunca
más tendré la indómita abubilla, volando en el pasillo.
Qué importa el corazón si el blog, donde escribías,
está amarillo, se va pudriendo hoja a hoja.

El corazón no es importante, que vibre cuanto quiera
y en el lugar del pecho que le guste.
Lo malo es este viento adormecido
que tengo entre mis labios, ni siquiera me sirve
para llevarte los aullidos de loba
que acarrea mi sangre. Este viento quiere
esparcir la quejumbre de aquella vieja cánida,
que ayer lamía el tibio despertar de tus ojeras.

**EN LA FOTOGRAFÍA TÚ Y YO,** con el rostro sereno,
no reímos, más bien adormecemos, como si un ángel
nos hubiera rozado con sus plumas. La raya de mi pelo
bien trazada, una pizca de azul sobre los párpados
y abéñula hasta cansar en las pestañas.

La pajarita roja que llevas por corbata no hace juego
con la orfandad que reflejan tus ojos. La pajarita y tú
miráis hacia lo lejos, pendientes del corcel que viene
en busca de tu aurora. Tu rostro muy sereno tiene
un poco de luz; es una luz pequeña, como de
recién brotada.

En la foto no nos miramos, pero te inclinas hacia mí,
tu hombro roza el mío, temiendo derrumbarte,
porque te vas cayendo lentamente, te vas filtrando gota
a gota por las junturas de mis huesos. Mi corazón está
sintiendo cómo se aleja el tuyo y te sostiene, como mayo
sostiene a junio. Los dos muy quietos, juntos,
con un temblor en la mirada.

**SI TÚ ME HUBIERAS CONSULTADO** el viaje, te habría
aconsejado hacerlo en el tren. Siempre mejor
un viejo tren, con fogonero que en la lumbre quemara
ramos de mejorana y de acantos.
Ese tren que jamás llegaría a Estambul, porque su pobre
corazón se quedaría detenido, ahogado,
entre los limoneros de Valencia.
Un lento tren, que yo pudiera perseguirlo a través de las
vías, como mujer que corre hacia el mañana con su boina
de viaje
y su bolso de plexiglás, tan pequeño que en él sólo cupiera
un pañuelo no apto para lágrimas, solo para mis labios
y en días que lucieran de granate.

Sabes que yo te hubiera perseguido,
esperando subirme al tren en la siguiente primavera.
Sentada junto a ti, bien apretada a ti,
hasta llegarte al hueso, te habría recordado
el vino y el vinagre, la salmuera y la carne de membrillo
que los dos compartimos. Hubiéramos tenido
mucho tiempo para que dialogaran
nuestras manos, para que se hermanaran
y juntas aprendieran el arte de olvidar afanes
e inútiles trabajos que hicimos por amor,
sin que nadie nos alertara del engaño.

Nunca un barco, mejor un lento tren que atravesara
el alba,
se deslizara por la nieve, subiera hasta la sierra
de la luna, donde los juncos asombrados, donde la aurora
adolescente, donde Dios con su arcilla, en donde tú y yo
y el lento tren llegáramos a ese lugar que llaman «la otra
orilla», que es el centro de nada y para siempre.

# ÍNDICE

Acabose de imprimir esta
primera edición de
*REGRESO A TI,*
de ÁNGELA REYES,
el 18 de marzo de 2025,
para conmemorar el
aniversario del nacimiento de
Gabriel Celaya

*Vivir es fácil y, a veces, casi alegre.*

LAUS DEO